A' MHEANBHCHUILEAG

Clò-bhualaidhean Gairm — Leabhar 53

Do Derek is Marion Watt,

mar chuimhne air Dùn Dèagh

A' MHEANBHCHUILEAG

le Fearghas MacFhionnlaigh

GAIRM. Glaschu. 1980

Air fhoillseachadh an 1980 le

GAIRM, 29 Sràid Bhatairliù,

Glaschu, G2

Clò-bhuailte le

Farquhar and Son Ltd., Peairt

SBN 901771 63 5

Thug an Comann Leabhraichean cuideachadh
don luchd-foillseachaidh gus an leabhar seo
a chur an clò.

Bha mi nam shuidhe uair a' leughadh aig bòrd
nuair a mhothaich mi lìon dhamhain-allaidh
air taobh-a-muigh na h-uinneige
agus meanbhchuileag ri strì innte.
Choimhead mi fhads a nochd an damhan-allaidh.
Chaidh mi air ais gum leabhar.
Nach b'e dòigh nàdair sin?
Meanbhchuileag agus damhan-allaidh air lìn.
So-leòntachd agus cumhachd snìomhte le chèile.
Ach chuir e dragh orm.

Tha e a' cur dragh orm
gu bheil a' mhòr-chuid den t-saoghal fo shal,
is leth an latha fo dhorchadas,
is luisreadh an dà Mhul fo dheigh,
is Macchu Picchu na thobhta,
is an dodo air dol a bith,
is grabhataidh a' cur spàirn ruinn,
is an treas cuid de ar beatha air caitheamh ann an suain,
is dà thrian de ar n-eachainnean a feum,
is cidhis na cruinne-cè air sleamhnachadh
a chum nach eil co-chothram ann eadar bòichead is fìrinn,
is breugan a' cnàmhadh ar planaid
mar ghithean an corp cait,
is gu bheil a leithid de rud ann idir ris an abrar bàs,
a chum gur buaine cnàmhan na eanchainn
is plasdaig na gaol.

Innsidh mi seo dhuit –
chan e Atlas a th'annam;
chan urrainn dhomh an saoghal a ghiùlain.
Chan eil annam ach atam air druim an domhain,
ri strì eadar fisean is fiùisean.

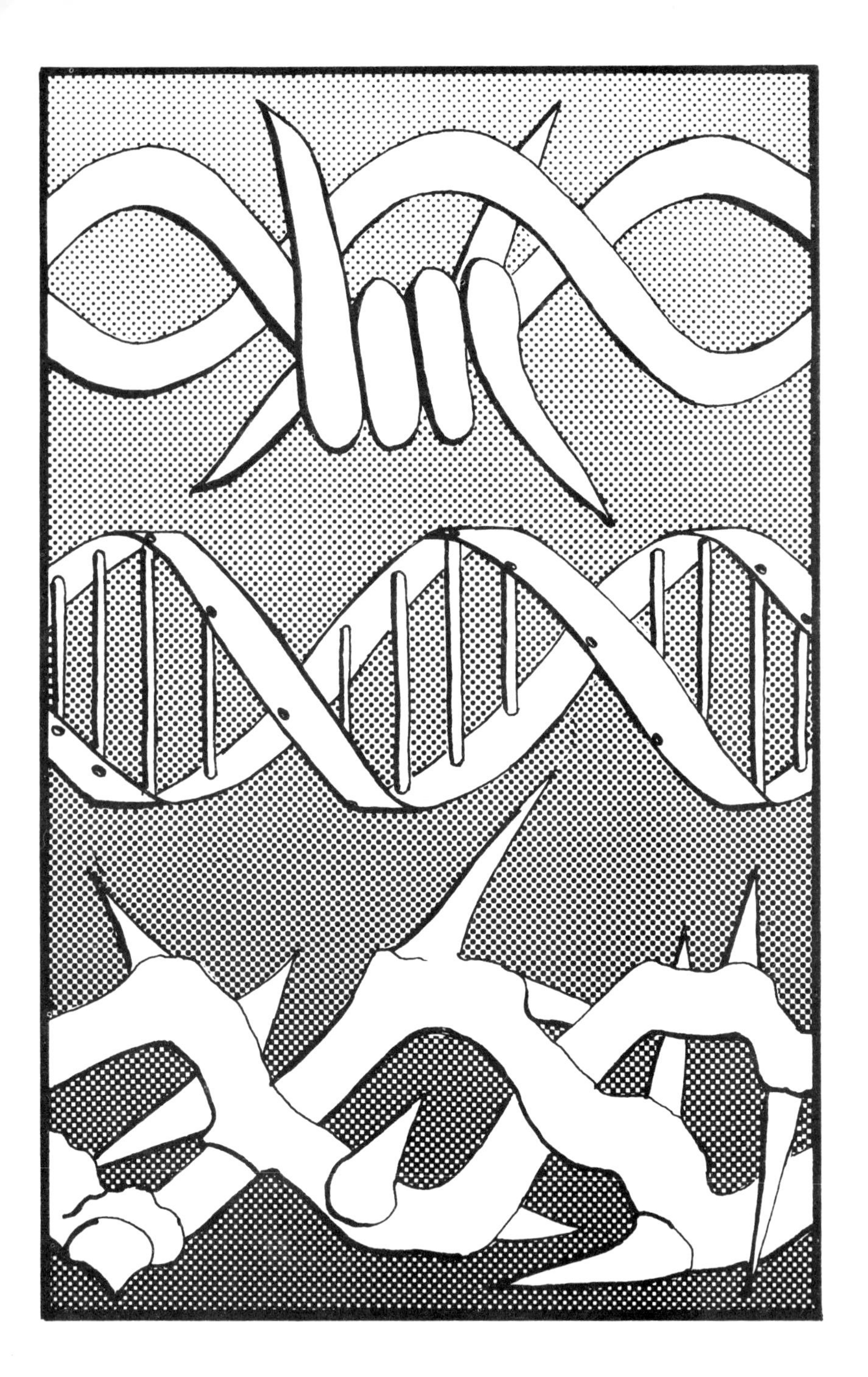

Tha e a' cur dragh orm
a' faicinn dùthaich a' dol fodha
mar chaisteal-gainneimh fon làn,
is cànain air tilgeil uainn
mar bhratach phàipeir ghlas,
is weltanschauung air dearmad
mar aisling-latha fhaoin,
is eachdraidh air dol a fianais
mar lorg-coise cloinne air an tràigh.

Innsidh mi seo dhuit –
chan e Fionn a th'annam;
chan urrainn dhomh mo dhùthaich a ghiùlain.
Chan eil annam ach cealla am bodhaig Albainn,
ri strì a bhith nam chealla-eanchainn.

Tha mi beag is tha eagal orm roimh rudan beaga:
a' chealla aillseach a sgriosas bodhaig,
am facal òinseach a sgriosas gaol,
am bonn-airgid a reiceas rìoghachd,
an t-atam sgoilt a sgriosas Hioroisimea,
an vìoras nimheil, am peilear nàimhdeil,
mearachd ann an inntinn feallsanaich.

Dh'ionnsaich mi rud –
tha mi bàsmhor;
is dòcha gun tig a-màireach as m' aonais.

Bu toigh leam a bhith mar Mhaois,
a' sgrìobhadh bhriathran Dhè;
ach bhriseadh clàr-cloiche am peann plasdaig agam.
Agus a bharrachd air sin
chan eil preas loisgeach agamsa
mar choinneil.

Bu toigh leam a bhith mar Argas,
a' coimhead air an domhan le ceud sùil;
ach tha an iunaibhears ro àibheiseach dhomh.
Gidheadh, mur faic mi a h-uile nì
cionnas a bhitheas cinnt agam air nì sam bith?
Nach feum eanchainn an cruinne shlugadh
mus bi i fallain?

Uaireannan
chì mi nithean a' tighinn beò
is a' dol nan ceò;
a' binndeachadh
is a' leaghadh.

Eisd ri srann nan ataman!

A bheil iad ann far an robh iad?
Am mair iad far a bheil iad?
Eil fhios cò bhitheas annad sa' mhadainn?

Dè cho daingeann 's a tha iarann?
Dè cho buan 's a tha inntinn?

An dèan thu faileas anns a' ghrèin?

Innsidh mi seo dhuit –
chan fhaighear cinnt ach ann am preas loisgeach.

Am bi mi beò a-màireach?
An robh mi beò riamh?
Tha mi taingeil
gun do shlìob mi cat.

Thuirt Giacometti uair
nan robh teine ann an ealainlann
gun teasraigeadh esan cat roimh Rembrandt.
Duine glic.
Cha sgriach peantadh sna lasraichean.

Bha cat againn fhèin a fhuair bàs.

Tha fhios nach eil e iomchaidh
a bhith a' caoidh cait
nuair a bhitheas
crith-thalmhainn an Sìna,
is tuiltean sa' Bhangla Dais,
is goirt feadh leth an t-saoghail.

Ach bha cat againn a fhuair bàs;
agus bha gràdh againn air.

Thuirt C S Lewis uair
air sgàth phèin losgainn
gum bitheadh e na b'fheàrr
mur an robh iunaibhears ann.
Duine cneasda.
Ach tha iunaibhears ann,
is tha lasraichean ann,
is tha so-leòntachd ann,
is feumaidh sinn teicheadh on losgadh.

O chionn blianna no dhà
bha taisbeantas siùbhlach sa' Ghearmailt
aig ealantair Amaireigeanach.
An àiteigin eadar gailearaidhean
chaidh an van san robh na deilbh dhen rathad
agus sgriosadh na peantaidhean a-measg na lasraichean.
Obair deich blianna. Caillte.

Rinn peantair eile, Sasannach,
dealbh gach latha rè blianna
a' riochdachadh an Inferno aig Dante.
Cha mhòr nach robh iad sgriost'
ann an teine san taigh-tasgaidh!

'Und Alles Sein ist flammend Leid' –
sin agad na sgrìobh am peantair Franz Marc
air cùlaibh chanabhais.
'Agus 'se cràdh lasrach a' Bhith gu lèir.'

Nach faca tu riamh na h-eòin mhiotailteach ud
ag iadhadh thar fàire
is mòran uighean miotailteach nam broinn,
trom le puinnsean, an impis breith?

Tha e cho doirbh na lasraichean a sheachnadh.

Saoil carson a tha e cho mòr nas soirbhe
nithean a sgriosadh na beagan sìobhaltachd a thogail?
Nach robh Eilean I cho so-leònta
fa chomhair nan Lochlannach?
Lasraichean. Lasraichean.

Bha Maois ceart.
Bu chòir do sgrìobhadair sgrìobhadh air cloich!

Is dòcha gum bu chòir do ealantairean uile obair ann an cloich.
'Se sin mas ann an tòir air neo-bhàsmhorachd a tha iad.

Nach neònach e na h-uiread de ealantairean meadhon-aoiseach
nach do chuir an ainmean ris an obair aca?
An ann dìreach nach robh iad ag obair airson an glòir fèin
ach a-mhàin airson na Fìrinn?
An ann is dòcha cuideachd nach robh amharas aca
a thaobh neo-bhàsmhorachd?
Bha Dia eòlach air na h-ainmean aca is bha sin gu leòr.
Co aig tha fios, ach a-rèir coltais
sann ri leasachadh chinne-daonna a dh'obraich iad
an àite fèin-spèis.

Cuiridh e càmpar ormsa uaireannan
ma thig cuideigin a chèilidh orm
is mi trang ri mo chuid sgrìobhaidh luachmhoir.
Ach gu dè anam-fàis na h-ealain
mur toir e beairteas do dhaoine?
Nach e seo am peacadh as motha —
a dh'adhradh obair ar làmhan fèin,
agus ìobairtean daonna a dhèanamh ri ar dia?

Ann an dòigh, ar leam, bhàsaich na seann ealantairean a bha sin
air sgàth na coimhearsnachd aca.
Bha iad beò a chaoidh nan cuid obrach.

Ach dè ma bhàsaicheas mi mus dèan mi dad?
Chan e Buddhach a th'annam idir.
Nuair a rachas mi a-steach don uisge
tha faochag no dhà uam!

Cha robh mi ann. Tha mi ann. Cha bhi mi ann.
Is guth eadar dà shàmhchair sìorraidh mi.
Facal.
Is e seo na th'annainn uile —
creutairean bith gun ach aon fhacal ri bhruidhinn
agus sin uair a-mhàin.

Facal gach fear.
Facal solais no facal dorchadais.

Saoil is dòcha am biomaid na bu shona mar na h-ainmhidhean,
gun chainnt is gun mhiotasan,
neo-fhiosrach air na rionnagan,
air àm a chaidh no àm ri teachd?
Chan eil sìorraidheachd a' cur dragh air inntinn ainmhidh.
Chan eil aithreachas aige a thaobh na rinn e
no eagal air a thaobh breitheanas ri tighinn.
Sann an diugh a tha e beò, daonnan an diugh.
Mar Dia ann an dòigh.
Agus nuair a thig am bàs gu ainmhidh
thig e a-nis
gun cus fulangais;
chan ann idir mar fhulangas duine
agus esan a' coimhead air a' bhàs bho fhad as
mar linne dorchadais
air taobh thall tunail de sholas.
Esan a' dlùthachadh ris
mar speur-sheòladair a dh'ionnsaigh thuill dhuibh,
ga mhion-sgrùdadh is ga mhallachadh
ach a' dol gu do-sheachanta na ghlacaibh fuara.

Chan eil so-leòntachd ann coltach ri so-leòntachd mhic-an-duine,
agus a bheatha a' grad-chlisgeadh
mar mhaids ann an cineama,
mar sgriach ann an eaglais.

An robh e mar cheist air beathach riamh
carson a bha e ann
no carson a bha am bàs ann?

Dorchadas. Solas. Dorchadas.
Am beatha mar thrèana a' tighinn a tunail
is a' dol na deann a-steach do thunail eile.
Am beatha mar dà rèil co-cheangailte.
Iarann is fiodh.
Am beatha mar dhrochaid os cionn dubh-aigein, eadar dà thunail.
'Seall na beanntan, cho brèagha 's a tha iad
cho mòrail, òrach anns a' ghrèin!
Seall an t-eas àrd airgeadach siud,
is bogha-frois snog thairis air a' bhonn!
Seall tunail eile a' tighinn. . .'

Am beatha mar dà dhris co-shnìomhte.
Subhag is dealg.
Sonas is pian.

Ach saoil am blasamaid mìlseachd dha-rìreadh
mur do bhlais sinn riamh searbhas?
An dèidh gach cùis, bha eòlas maith is uilc
co-mheasgte san aon mheas air chraoibh na beatha.

Nach bi a' mhothalachd as maoithe
agus am fulangas as doimhne daonnan san aon duine?

Nach robh crùn droighnich air ceann Chrìosd?

An duine nach eil so-leònta, sann mì-chneasda bhitheas e.
Robot.
Beò gun deò.
Gruaidh chruaidh.
Bile uachdarach rag.
Na fhear ach gun fhaireachdainn.
As aonais cràidh, as aonais àigh.
Stoigeach. Et tu Brute?
Craiceann cloiche ga dhìonadh o lasraichean an t-saoghail;
ga dhìonadh cuideachd o mhìn-bheantainn a' ghaoil.
Mar cheann mòr Eilein na Càisg' e,
a' spleucadh air na speuran;
ag adhradh Meidiùsa.

Faisg air an taigh agam tha carragh aosd' ann
is torc air a ghearradh oirre le Cruithneach ealanta air choreigin.

Cha mhòr nach eil an torc neo-fhaicsinneach a-nis.

Saoil a bheil an torc air druim na cloiche
no a bheil a' chlach air druim an tuirc?

Chuir an Riaghaltas cèids àrd daingeann
mu chuairt na carraigh.

Saoil a bheil an cèids a' dìonadh an torc uainn
no gar dìonadh-ne on torc?

Alba, ar leam gur samhladh dhìots' am beathach tha seo.

Thagh thu ciomachas san sutha Sasannach
a chum so-leòntachd a sheachnadh.
Ach dhearbh thu thu fhèin cho dìleas
is gun do leigeadh mu sgaoil thu mar chù chaorach
(no an ann mar dhoberman a bha e?)

Dhian-ruith thu air feadh an t-saoghail
a' comhartaich is a' nochdadh d' fhiaclan
ach a' sìor èisdeachd ri fead do chìobair.
Is iomadh beathach a shaod thu air ais don t-Sutha Mhòr,
dìreach mar chaora gu fang ri lomairt.
Ach nach tu fhèin a bha borb.
Cha chreid mi gu bheil ainmhidh san domhan
gun comharra d' fhiaclan geura na thòin.
Aye, se bonny fechter dha-rìreadh a bh'annadsa.

Ach sann a' fàs aosd an dràsd' a tha fear-coimhead an Sutha,
agus tha na cèidsichean a' tuiteam o chèile le meirgeadh.
Thàir as cha mhòr a h-uile ball-thaisbeantais ach thusa fhèin.
Bha thu riamh dìleas.
Ach is dòcha gu bheil beagan faiteas ort ri saorsa,
ri saoghal as aonais feadaireachd ìmpirich.

Seadh, sann gu mòr a tha an Sutha air ruith sìos an dràsda,
agus tha funtainn a' gheamhraidh gad chniadachadh tre do chèids.
Tha reodhadh a' nochdadh a-nis air do dhruim,
deigh a' bhàis gad phasgadh mar chraiceann cloiche.

AM FEAR A DHIULTAS SO-LEONTACHD, THEID E NA CHLACH!

Chan eil ann ach roghnachadh eadar teine is deigh.
Tha ar planaid fèin mion-choramaicht' eadar teine is deigh.
Alba, chan eil ann air do shonsa ach teine no deigh.
Is saorsa teine. Is daorsa deigh.

Dh'amhairc mi
is chunnaic mi aonchornach gheal
ri cruinnleum thar na Roinn Eòrpa.
Sann coltach ri Enbarr nan De Danann a bha i.
Bu dealanach a sùil,
bu tàirneanach a cas;
ach shlaod i slabhraidh.

Dh'amhairc mi
is chunnaic mi air seachran i ann an coille mhòr
is an t-slabhraidh aice glact' ann am freumh daraich.
Chnàmh a caoirean mo chridhe mar shearbhaig,
agus bha a sùil ri mo shùil-sa
mar sgàthan ri sgàthan.

Dh'amhairc mi
is chunnaic mi aonchornach gheal
ri aoirneigin
air Sràid Sauchiehall.

Tha an saoghal na ghàrradh,
tha Alba na flùr,
tha mise nam bhileag
a' tuiteam.

Tha an saoghal na choille,
tha Alba na craoibh,
tha mise nam dhuilleag
thioram.

Tha an saoghal na ghailleann,
tha Alba na gealbhonn,
tha mise nam iteag
a' tuiteam.

Saoil am faicear earrach ùr
no am mair gu sìor an geamhradh?

Agus cionnas a bhios aithne agam
an ann beò no marbh a tha mo dhùthaich?
An do chaochail i is dòcha o chionn mìle blianna?
No an ann mar bhodhaig air leabaidh ospadail a tha i
– air cumail beò air èiginn le tiùb is uèire,
fuil sna cuisleanan,
ocsaidean san sgamhan,
ach eanchainn a tha marbh.

Smathaid gur ann an còma buan a tha i,
mar Leibhiàtan eadarra-lionn ann an cuan coimheach,
is an t-Albannach mar Iònas na broinn!
Alba mar chairbh ichteosoir a' grodadh air grùnnd na mara
gus an deoghalar a fuil dhubh bhreun
leis na corra-mhialan mòra iarainn.

Ceart gu leòr,
can gu robh thu beò is saor;
agus can gu robh a' Ghàidhlig as ùr ann ad bheul.

An dèanar ceartas le do shaorsa?
Am bruidhnear an fhìrinn le do chànain?

No an gabh sinn dèisinn riutsa
mar a bh'againn uair ri Sasainn?

Chunnaic mi aonchornach gheal
ri aoirneigin is ri aognachadh
air Sràid Sauchiehall.

Nam b'e Meisias a bh'annam
Thogainn Alba eadhon o na mairbh;
ach chan eil a' ghaoth is an fhairge umhail dhòmhsa
is nan seasainn air beulaibh uaigh mo dhùthcha
cha charaicheadh i
ged a b'ann sa' Ghàidhlig fhèin a bhruidhninn rithe.

Oir tha mi na glacan, blàth no fuar,
agus mùchaidh a marbhfhaisg mi.

Chan e Atlas a th'annam;
chan eil air mo ghuailnean ach mo cheann.
Chan urrainn dhomh an saoghal a thogail.
Chan urrainn dhomh Alba a thogail.
Agus leis an fhìrinn innse, sann air èiginn uaireannan
a thogas mi mo cheann.

Ach saoil ma thogas mi beagan mo cheann
nach tog mi beagan Alba?
Agus ann an togail beagan Alba
nach tog mi beagan an saoghal?

Sin ann no as, is mis' a tha fann,
agus se seo a-rèisd m' aincheist —
fanaidh mi so-leònta
mur faigh mi smachd air mo bhodhaig is mo dhùthaich;
mur faigh mi smachd air a' phlanaid is a' chosmas;
mur faigh mi smachd air a h-uile atam is moileciuil sa chruinne-cè;
MUR TEID MI NAM DHIA.

Ach nach e spaglainn Nietzsche tha seo?
—Is LEAMSA an rìoghachd, an cumhachd, a' ghlòir!
Feumaidh sinn uile chluich Atlas,

nar seasamh casa-gòbhlach os cionn uaghach Dhè
is na nèamhan air ar guailnean;
(ged a bha an straidhn ro chruaidh airson Nietzsche fhèin
is bhruthadh e mar Shamson fo thobht' a Theampaill).

Ach chan eil rùm san domhan airson còrr is aon Atlas,
oir se mo shaorsa do dhaorsa
is do shaorsa mo dhaorsa;
feumaidh sinn sabaid a-rèisd mar Thiotanaich
airson ceannais,
agus mus bi fios againn
bi a h-uile atam a' strì ris a' chruinne-cè a shlugadh
oir bidh eagal an cridhe orra uile roimh bhàsmhorachd.

Chan e Tiotanach a th'annamsa.
Chan eil annam ach muir-tèachd
air snàmh ann an cuan gun tràigh;
agus nuair a bheanas mi ri creig sam bith
theid i na cuairt-shlugan fa mo chomhair.
Feumaidh sinn a' chreag a thaghadh
a shlugas sinn.

Ach seo againn cnag na cùise –
a chum so-leòntachd a sheachnadh
feumaidh mi dol nam dheachdair;
agus air sgàth sàbhailteachd an deachdair
feumar saorsa àicheadh do chàch.

Nach b'e seo an aon loidsig a bh'aig Alasdair Mòr,
Napoleon, Hiotlair, Stailinn?
(Tha iadsan marbh an dràsda;
cha robh am bàs fo smachd aca.
Bha am fòd ro throm air an son.)

Nach bu seo reusonachadh Shasainn?
(Ach Alba, cha robh leisgeul agadsa
airson do chuid chìocrais-fala.
Se hit-man ìmpireach a bh'annadsa;
Faust poilitigeach
a' reic d' anaim a bhlasad cumhachd.
Ach nas miosa na sin 'sann a chum cumhachd a sheachnadh
a reiceas tu d'anam an dràsda.
'Se siùrsach na Roinn Eòrpa th'annad,

le mascara gorm is craos deargsmeurt'
is làmh iarrtasach sìnt' a-mach,
gun cuimhn'ad idir, a-rèir coltais,
gun robh thu uair nad òigh 's nad bhànrigh).

Agus cha chreid mi nach bi am fèin-fhìreanachadh ceudna
aig ìmpireachdan ri teachd.
(Gidheadh ma ghabhas sàr-chomputar Machiavellianach
os làimh an cruinne-cè, binndichear gun teagamh
eanchainn mhallaichte ri h-ùine
le trombòis sileaconach air choreigin —
oir cha bhi eantropaidh co-dhiù fo smachd aige.)

Choimhead mi suas a-rithist.
Bha a' mheanbhchuileag ri strì fhathast
agus an damhan-allaidh a' sìor thighinn nas fhaisge.
Meanbhchuileag shuarach ri strì airson beatha.
So-leòntachd agus cumhachd.
Dòigh nàdair.

Chunnaic mi damhan-allaidh mòr
a' snìomhadh lìn a-measg nan reultan.
Bha i airson nam planaid a ghlacadh mar chuileagan na h-eige.
B'ise Reusonachas.

Chunnaic mi faoileag chreucht' ag èirigh a coire stoirmeil
is a' sabaid an aghaidh na gaoithe,
is lìon a sgriach an cruinne-cè.
B'ise Eiseachas.

Chunnaic mi a' ghrian a' fàs mar thelebhisean
is gnùis Meidiùsa air an sgàilean;
is chaidh luchd-àiteachaidh nam planaid uile nan clach.
B'ise Uile-smachdachas.

Agus nach b'e seo peacadh mòr an t-Satain —
an oidhearp làn-chumhachd is làn-shaorsa chur an grèim;
a bhith 'n ionad co-sheasaimh nan uile nithean;
a bhith na chuspair adhraidh fhèin?

Bha e airson soillseachadh mar a' ghrèin a-measg nam planaid,
agus sann mar ghrèin a-rèisd a bhàsaicheas e —
ag atadh le àrdan na athach dearg,

a' spreadhadh na chual-chnàmh mar reul os-nobhach
agus a' crùbadh air a' cheann thall na tholl dubh spioradail;
na chuairt-shlugan cìocrach a' glutadh nan uile nithean;
na dhìosganach cosmach a' deoghail a-steach eadhon an t-solais fhèin.

'Se Luicifir an Soillsichear a bh'annsan
mus do thuit e mar dhealanach o nèamh
gu bhith na Apolion an Sgriosadair,
aingeal an dubh-aigein.

Bha na seann Ghreugaich ceàrr:
cha d'rinneadh Nairciosas na fhlùr idir
ach na vaimpir.

Agus nach robh an dearbh mhearachd aig Adhamh –
a chuir dìmeas air ùghdarras tànaisteach;
a' sanntachadh tighearnas gun dleasnas;
a bhith na phrìomh-shamhladh an àite an fhaileis;
a bhith na fhacal an àite a' mhic-talla;
a bhith na ghrian an àite na gealaich;
a bhith a priori an àite a posteriori?

Chualas facal,
agus ghrad-leum an solas as an dorchadas
mar bhradan a glomag;
b'e ciad mhadainn na cruinne-cè.

Chualas facal eile
agus shàthtadh lòchran ann an soitheach crèadha;
b'e ciad mhadainn mhic-an-duine.

Facal agus solas.
Trompaid agus lòchran.

Chaidh fear-cuir a-mach a chur a shìol,
agus b'e an sìol Facal Dhè,
agus b'e ainm an t-sìl –
Adhamh.

Feuch, dh'fhàs an òigh-thalamh trom,
agus rug i mac,
agus mar ainm air thug i
Adhamh.

Adhamh –
an siola-sìl
air ginideachadh ann an lairings na talmhainn.

Dh'fhosgail an ùir a beul,
agus ghlaodh a guth san fhàsach,
agus dh'fhàs suas faillean de fhuaim fhìorghlan uaine,
freumh a talamh tioram
mar òran binn san dall-oidhche;
maothan a' seotadh tre charraig an t-sàmhchair
mar chrith-thalmhainn.

'Aun la atmosfera tiembla
con la primera palabra
elaborada
con panico y gemido.
Salio
de las tinieblas
y hasta ahora no hay trueno
que truene aun con su ferreteria
como aquella palabra,
la primera
palabra pronunciada:
tal vez solo un susurro fue, una gota,
y cae y cae aun su catarata' (Pablo Neruda).

Se an lid moileciuileach a bh'ann an Adhamh;
an smid amoebach
air beò-luchdachadh le deò Dhè.

Se a' bhunchealla a bh'ann,
a' roinn is a' craoladh fhaclan feòla
air an co-cheangal ann an gaol,
gus an cinne-daonna thaosgadh as an talamh
mar fhuaran shìolmhor
mar fhìonan shùghmhor
mar chànan bhrìghmhor
a' cur thairis is a' gabhail iomadh cruth,
mar fhuaim uisge a' ruith tre allt is abhainn
mar fhuaim na gaoithe a' sèideadh tre fheur is chraoibh
mar fhuaim analach a' seinn tre chaochladh innealan-ciùil
mar fhuaim fhaclan air dòirteadh tren fheòil.

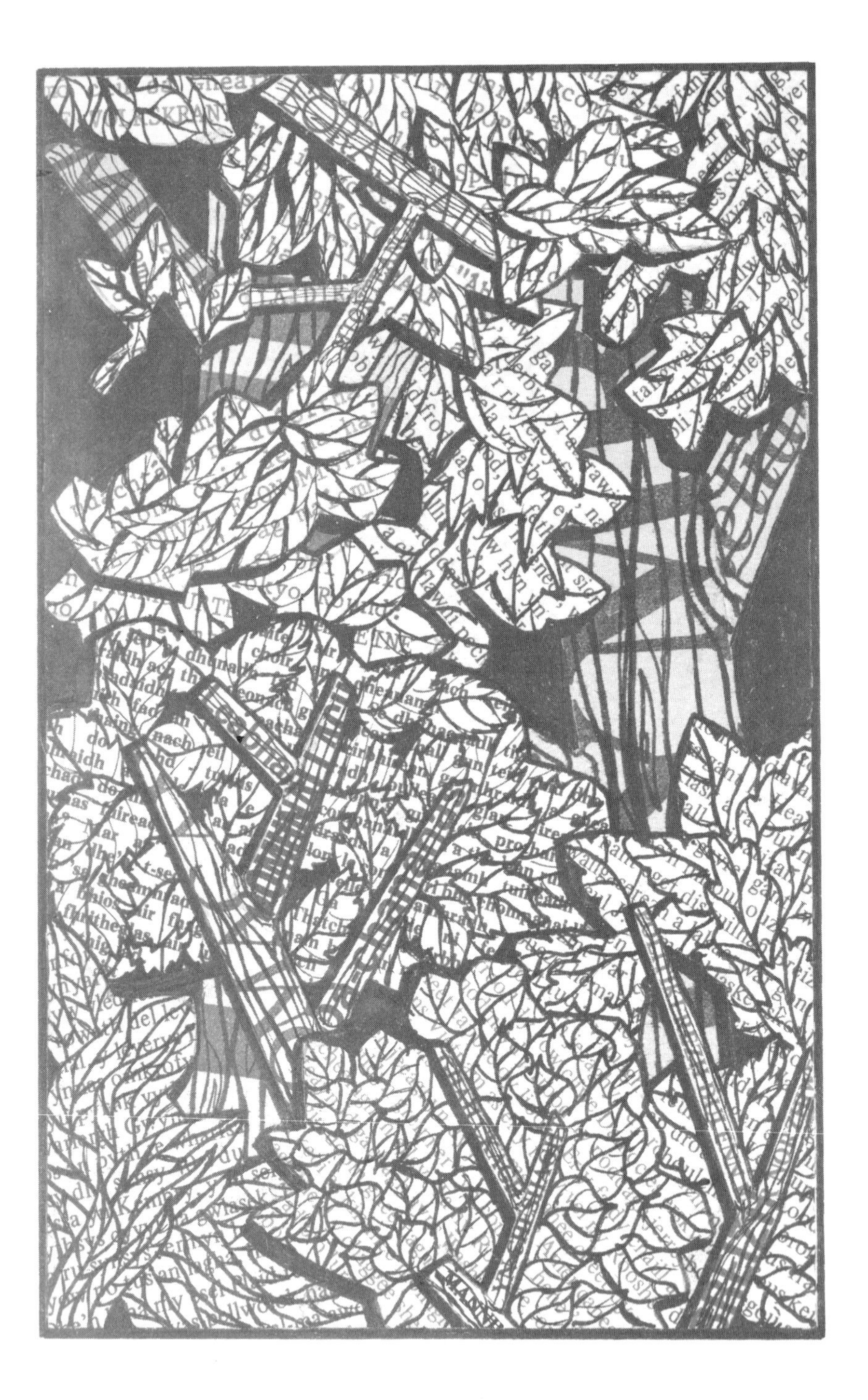

Facail fhàs-bheairteach a' leum a dh'ionnsaigh na grèine,
a' glacadh an t-solais ann am foto-cho-chur chànanach,
a' sgaoileadh ocsaidean mar oratorio Handeil,
a' togail staidhre gu nèamh mar bheanstalk fhuaime.

Facail mar dhuilleagan a' cniadachadh an t-solais;
facail mar bhlàthan ag atharrais a' bhogha-frois;
facail mar fhìon-dhearcan de eòlas milis,
facail a' torradh is a' snodhachadh
rosg-rannan mar fhlùran,
chànanan mar chraobhan,
a' cruthachadh Gàrraidh Edein de chainnt
agus a' cur thairis fhathast,
a' pasgadh na talmhainn le luschrun,
is a' gramachadh ris na planaidean
mar iadh-shlat ri crann-ubhail.

Facail agus solas agus feòil.
Trompaid agus lòchran agus crèadh.

Claidheamh Dhè agus Ghideoin!

Adhamhchlann ann an di-had naomh
ri sùrdag o phlanaid gu planaid
a' giùlain fhaclan mar chlaidhean lasrach,
a' cur as don oidhche ana-chreidmheach,
gus am bi gach fròg ùdlaidh sa chruinne-cè
na uamh chrith-dhealrach Aladain.

Adhamh —
an dùrd niùclasach,
am facal atamach
a' tilgeil dheth neodronan mar ghnìomharan
a-measg ainmearan reòidht' an t-sàmhchair;
neodronan ri sèis mar bheachan
a' giùlain phoilein o fhlùr gu flùr;
atam-fhacail
a' co-leaghadh ann an cànan shruth-shoillseach;
a' slugadh na cruinne-cè ann am bàrdachd rèidio-ghnìomhach.

Chan eil ann ach fuaim;
chan eil ann ach lùths air chrith.
Tha an cruinne-cè làn dhathan ri seirm

mar ghàrradh làn dhrannd-eun.
Tha an cruinne-cè na choithional
agus Adhamh na fhear-togail-fuinn.
Tha an galagsaidh na orcastra
agus Adhamh na stiùradair-ciùil.
Se clàrsair a th'ann an Adhamh,
agus an speictream eleactro-mhaighneadach a' freagairt
mar theudan ri a mheòir.
Adhamh a' cluinntinn cagarsaich nan cuasaran;
glacadair is sgaoileadair,
cluas is beul.
Eadar-mhìniche,
Fàidh is Bàrd,
a' fosgladh uinneagan na cruinne,
facal-uinneagan,
faclan mar rionnagan a' priocadh an dorchadais,
a' co-thàthadh ann an cànanan mar reul-bhadan.
Oir tha ainm air gach rionnag,
agus ainm air gach fochann-feòir,
agus ainm air gach atam;
agus se Adhamh an Seanachaidh.

Dh'ainmich Adhamh gach uile nì beò,
a' càllachadh gach creutair is ga ghlacadh le facal
mar chuileag ann am botal;
ach dhiùlt e ainm fhèin,
a' briseadh a' bhotail spioradail san robh a shàbhailteachd,
a' sgealbadh na gloinne a bha mar theileascop is mhiocroscop dha,
a' sgoltadh sgàthain Dhè.
Agus far na thuit na bloighdean dh'fhàs suas drisean,
a' mùchadh fhlùran a' ghàrraidh, a' tachdadh luisreidh a chridhe,
ga chuartachadh mar uèire bhiorach
gus an robh e glacte ann an Auschwitz pearsanta;
gus an robh ego mar mhionotaur ceigeanach paiteolach
na chrùban ann an laibirint inntinn;
gus an robh eanchainn mar dhamhan-allaidh iargalta am buillsgean
dlùth-lìn critheanaich a nearbh-chorais;
gus an robh a chridhe mar phèisd grathail fo-mhuireach
ceilt' ann am foirche a clèibhe.

Adhaircean,
stàrrfhiaclan,

greimichean
ag èaladh san dubh-aigeann.
Adhamh a' dranndal mar Cheirbearas aig inntrinn na h-ifrinn;
mar fhacal gairseal ann an dorchadas an sgòrnain.

(Thogadh mi faisg air Toronto,
a' tilleadh a dh'Alba aig deich blianna dh'aois.
Nam inntinn òg shaoil mi
nach bitheadh droch-chainnt idir a-measg nan Albannach;
nach bitheadh sgeulachdan salach acasan
a bha air taobh thall a' chuain.
Cha robh fios agam aig an àm sin
air Ceirbearas agus a chaochladh chinn.)

Adhamh
am facal aillseach
am facal faisisteach,
am facal feòil-itheach,
am facal draosdach
a' grodadh sgròban an t-saoghail
mar chnuimh ann an ubhal.

Adhamh
a' bhreug shuthach
air teannadh mar ghaothmhorachd
tre chaolan sgàirdeach na talmhainn
ri bhith air ùr-bhreith
mar bhraim chànanach;
ag èirigh na smùid
mar anail dràgoin,
mar thoth bholcàno,
mar sgòth thearmo-niùclasach;
a' tilgeil salchair chun nan nèamhan,
a' dorchnachadh na grèine,
a' truailleadh an àile,
a' frasadh siantan dubha a' bhàis
mar mhallachdan air a thalaimh ghlais.

Adhamh mar Chronas
ag itheadh a chloinne.

Adhamh mar Fheuhrer,
blitzkreig nam breugan.

Adhamh mar Sfiongs,
tachdadair nam faclan.

Adhamh mar Bhaal,
dia-charragh an strìopachais.

Adhamh mar Phanteon,
brù-chuaraidh nan iodhalan.

Adhamh mar Thùr Bhàbeil,
Alcatraz nan cànanan.

Adhamh mar Atlas,
ag adhradh Meidiùsa.

Adhamh mar Shiniai
nam faclan cloiche.

Adhamh mar Chalbharaidh
an Fhacail cheuste.

Agus an àiteigin
mar gum bitheadh air planaid cian
chualas gairm-choilich
agus thuit dorchadas air an domhan.

Dh'èisd mi.
Cha robh ann ach aon chànan air an talaimh
agus bha faclan gann.

A bùithtean an Riaghaltais
cheannaicheadh faclan
fillt' ann an ceallofan.

Dh'ith na mithean iad
as aonais salainn
is ann an sàmhchair.

Agus Eubh a' ghràidh, nach eil fhios agad
gun d'eug a' ghealach a bàigh riutsa?

B'ann le Adhamh an cumhachd follaiseach;

b'ann leatsa cumhachd rùnach na bronn.
B'esan beinn àrd an lagha, bu tusa tobar domhainn a' ghràis.
B'esan an Ròimh, bu tusa a' Ghrèig.
Esan Odusseas nan gleachdan, tusa Calupso nan geasan.
Esan for, tusa meatafor.
Esan cruth, tusa cruth-atharrachadh.

Bu tu am priosm beò:
bhean thu ris an t-solas is chaidh e na bhogha-frois;
bhean thu ris a' ghaoith, is chaidh i na ceòl;
bhean thu ris an uisge, is chaidh e na fhìon;
bhean thu ris a' bhurras, is chaidh e na dhealan-dè;
bhean thu ris a' chloich, is chaidh i na daoimean;
bhean thu ris an fheur, is chaidh e na fhlùr.

Bu tu an Oracail Dheilfeach;
bu tu Scheherazade nan sgeulachd;
bu tu Taj Mahal nan tùr rinnte;
bu tu Airc Coicheangail an Tighearna,
is diamhaireachdan Dhè ceilte nad bhroinn,
ach rinneadh tu nad Chiste Pandòra,
spùinnte de na h-uile nì ach dòchas.

Bu tu an Uilefhlùr, blàth nam mìle peatal.
Shùgh thu ort lùths leaghte na talmhainn;
bhuil do neachtar teine-lèirsinn an fhàidh.
Sheinn an fhìrinn riut ann an dathan
ach cha d'aithnich thu dreach na brèige,
agus shearbhadh do chridhe.
Rinneadh d'ìocshlaint fhìorghlan na druga tàmhshuaineach,
a' buileach aislingean faoin an àite fìorbhith.
Cha b'urrainn duilleagan seargadh do ghlòir a cheiltinn,
agus far na thuit do fhlùr-bhileagan
dh'fhàs suas lotas is codalan;
agus uaith seo a-mach shracadh uchdan do chloinn-nighinn
a' lùghdachadh cràidh nan daoine.

Bu tu geata Phàrrais, is b'e Adhamh an iuchair;
ach rinneadh tu nad thruaill don chlaidheamh lasrach.

Agus sann a fiaclan dràgoin ur treabhaidh a rugadh sinne,
mar shaighdearan Greugach a' leum as an ùir
le rinn-lainn mar dhroighnichean,

le sgiathan mar dhuilleagan,
le seocanan pròiseil mar dhosan nam fòghnan;
ach tha sinn a' slaodadh slabhraidh.

Agus ged a bhuidhneas sinn rìoghachdan,
agus ged a stèidhicheas sinn ìmpireachdan,
mairidh sinn fhathast nar tràillean,
air ar cuibhreachadh ruibhse
le còrd imleagach dà-fhillte —
helics dùbailte de dhrisean.

Tha cumhachd is so-leòntachd
snìomhte le chèile nar bodhaigean.
Dealg agus dearc.
Tarag agus feòil.
Nàsach agus lùdhach ri sìor spairn nar broinn.
Tha ARBEIT MACHT FREI sgrìobht'
os cionn feansa iarainn ar n-aisnean,
agus an àiteigin ann a shin lorgar anam lomnoch claoidht'
a' teicheadh o phogrom sìorraidh ar cridhe.

Streapaidh sinn thairis air a chèile
mar chiomaich sna seòmraichean-gais
a' strì a-nìos an dòchas aeir,
nar togail bhiorramaidean chorp
a-measg athan-crè ar so-leòntachd.

Biorramaidean de fhoraminifera marbha
air sgàth neo-bhàsmhorachd Phàraoh.

Innsidh mi seo dhuit —
sann a leacan-laigh a thogar ìmpireachdan.

Biorramaidean mar fhiaclan dràgoin.

Bhris Napòleon sròn a Sfiongs.
Duine seòlta.
Chan urrainn ach aon Atlas a bhith ann.

Mheall iomadh fàidh fallsa sinn;
gheall caochladh Mhaoisean fuasgladh dhuinn;
ach chaidh ar treòrachadh gu fàsach uabhasach.

Chaill ar luchd-saoraidh an slighe;
cha b'urrainn dhaibh uisge thoirt as a' chloich,
agus air a' cheann thall chluich na sgairpean
a-measg chliathan briste ar cnàmhan;
agus na geimhlean oirnn fhathast mar bheart-tharraing.

Bhiomaid nar sàr-Thiotanaich,
a' dìreadh Olumpais le aon leum sgairteil.
Bhiomaid nar Fiann chosmach,
a' cur car-a-mhuiltein air na planaidean
mar phàisdean a' sèideadh ghucagan-siabainn
is iad a' sìor ghàireachdainn.
Ach sann beò air èiginn a tha sinn,
nar suain air ar leth-uilinn,
agus so-leòntachd gar sàrachadh mar chudrom beinne;
agus na geimhlean oirnn fhathast mar athaich Dhante fo bhinn.

Saoil a bheil e a chaoidh an dàn dhuinn
a bhith adhlaicte fo shlèibh ar laigse?
Saoil am bi am fòd daonnan ro throm air ar son?
Saoil nach dùisg nar measg Fionn fìor
a thilgeas dheth na beanntan mar phlaidean;
a thogas cuing Adhaimh is a dh'àras clais ùr
mar chrith-thalmhainn os ar cionn
a' fuaimneachadh buabhaill ar n-aiseirigh?

Oir tha feum againn air Atlas còir
a bhitheas còmhla na leòmhan is na uan;
a' crathadh na cruinne na fhraoch,
a' ceapadh na iochd a' ghealbhuinn.

Tha feum againn air Meisias
a ghiùlaineas cudrom ar cràidh,
gar spìonadh a duslach ar daorsa,
's gar n-àrdachadh chun nan speur;
esan na chrann-chuileinn is sinne nar duilleagan deilgneach;
esan na Chrìosd is sinne nar crùn dhroighnichean.

Agus nuair a thig e
theid na nèamhan air chrith mar earball peucaig;
tuitidh na reultan mar choinfiti air a cheann
agus na planaidean mar ùbhlan òrach na ghlùin.

Agus nuair a thig e
theid am bogha-frois na airse-caithreim ris,
is dannsaidh na fir-chlis os a chionn.

Agus nuair a thig e
dùinidh Meidiùsa a sùilean
agus fuasglar na clachan.

Agus nuair a thig e
bidh an uachdaranachd air a ghuaillean.

Chunnaic mi an cruinne-cè
mar phreas loisgeach;
agus cha robh dorchadas ann.

Chuala mi Guth
a meadhon nan lasraichean;
agus cha robh bàs ann.

Agus mhothaich mi le gàire
gu robh brògan air dol a feum;
oir bha a' Chruitheachd gu lèir na talamh naomh.

Agus b'aithne dhomh
gu robh Phàraoh marbh.

Facal is solas.
Bainne is mil.
Saorsa is fìrinn.

Chunnaic mi soitheach-crè mar ghloinne dhathte,
agus lòchran a' gàireachdainn na bhroinn;
b'e dàrna mhadainn mhic-an-duine.

Agus nuair a thig an Rìgh
thig e mar Fhacal Dhè.

Agus nuair a thig an Rìgh
thig aiseirigh.

Dh'ionnsaich mi rud –
tha mi bàsmhor;
ach 's dòcha nach tig a-màireach as m'aonais.

Tha mi beag, agus is toigh leam na rudan beaga:
an sìol adhlaict' a sgoltas an cabhsair;
an t-sileag uisg' a chaitheas a' chlach;
a' ghainmhein mhìn a thiodhlacas am biorramaid;
a' chiad eun a chuireas fàilt' air a' ghrèin;
an dùthaich bheag, an cànan beag;
facal na fìrinn nas truime na 'n Domhan.

Gu h-obann dh'èirich mi
agus chaidh mi don chidsin,
a' tilleadh le sgian gheur.
Dh'fhosgail mi an uinneag
agus ghearr mi gu faicilleach
tron lìon mu thimcheall na meanbhchuileig
gus an robh i fuasgailte.
Dh'fhalbh i air iteig,
agus chaidh an damhan-allaidh air ais na tholl dorch.

So-leòntachd agus cumhachd;
dòigh na cruinne-cè.

So-leòntachd agus cumhachd;
agus tròcair.